Shakespeare's Country

シェイクスピアの故郷

ハーブに彩られた町の文学紀行

写真―熊井 啓
文―熊井明子

清流出版

目次

Stratford-upon-Avon

ストラトフォード=アポン=エイヴォン

メアリー・アーデンの家へ
バーミンガムへ
アルスター、ウースターへ
N
グリーンヒル・ストリート
テディベア・ミュージアム
ウィンザー・ストリート
シェイクスピア・センター
シェイクスピアの生家(バースプレイス)
ヘンリー・ストリート
ギルド・ストリート
アメリカン・ファウンテン
ミア・ストリート
ガイド・フライデー・ツーリストセンター
ロザー・マーケット(金曜日のみ)
郵便局
ウッド・ストリート
ユニオン・ストリート
ブリッジ・ストリート
アン・ハサウェイのコテイジへの遊歩道
B&B街
ロザー・ストリート
イーリー・ストリート
ハーバード・ハウス
ハイ・ストリート
007 タクシーズ
ショッタリーへ
イヴシャム・プレイス
スカラーズ・レイン
ファルコン・ホテル
タウン・ホール
チャペル・ストリート
シェイクスピア・ホテル
シープ・ストリート
チェスナット・ウォーク
ギルド・チャペル
ナッシュの家
グレイト・ガーデン
チャーチ・ストリート
キング・エドワード六世スクール(ギルドホール)
ニュープレイス
チャペル・レイン
ロイヤル・シェイ
シアター
アーデン・シスル・ホテル
スワン・シアター
エイヴォン川
ホールズ・クロフト
オールド・タウン
ジ・アザー・プレイス・シアター
シアター・ガーデン
フェリー
エイヴォンバンク・ガーデン
レクリエーション・グランド
ホーリー・トリニティ教会
0
200

❖バースプレイスの裏庭のミックスト・ボーダー。様々な草花を色や丈を考慮して組み合わせて植えてある

第1章

バースプレイス（生家）から学校へ

Shakespeare's Birthplace and Grammar School

ここにあるのは、あなた方のための花です。
ホットなラヴェンダー、ミント類、セイヴォリー、マージョラム。
——『冬物語』（第四幕第四場）

バースプレイス

イングランドの中央部を、ゆったりと流れるエイヴォン川。そのほとりに古くから市場町として栄えていたストラトフォード＝アポン＝エイヴォンがある。詩人・劇作家のウィリアム・シェイクスピアの故郷の町だ。

中世の頃とほとんど変らない通りの両側には、歳月に洗われた木組みの家や、古風な赤レンガの建物や、石造りのチャペルなどが並んでいる。高層ビルなどは、一つも無い。人影の見えない早朝に歩いていると、ふと何百年も昔にタイムスリップしたような気分になる。

十一世紀の土地台帳に記されているように、この町は長年ウースターの司教の荘園で、町の行政は宗教ギルドによって運営されていた。宗教改革のときに町は国王の所有となり貴族に与えられ、一五五三年に自由市の勅許状が授与されてからは、行政は荘園主が任命した町長(ベイリフ)と参事官によってとりしきられた。

当時のストラトフォードは人口二千人足らずだったが、手工業によって栄え、市場町として賑わっていた。シェイクスピアの父、ジョン・シェイクスピアは、今もあるヘンリー・ストリートに、白皮鞣《なめ》し業・手袋製造販売業者として、住居兼店舗・作業場をかまえていた。皮鞣しには大量の水が必要で、当時は家の近くを小川が流れていたことが記録に残っている。

ウィリアム・シェイクスピアは、この家で一五六四年に生まれた。ジョンは翌年に参事会員に、六九年には町長になった。シェイクスピアは、成功した商人の息子として幼年期をすごしたのである。

その後ジョンは財政的困難に見舞われ、土地や財産を手放すことになってしまった。しかし、ヘンリー・ストリートの家は維持されて、シェイクスピアは結婚後、二十一歳で家を離れるまで両親と同居していた。

現在この家は、後に建て増しされた部分を含めて、シェイクスピアゆかりの他の家と共に、シェイクスピア・バースプレイス・トラストによって管理されている。室内に入ると、四百年以上の時の流れを示すかのようにところどころ割れた石の床（一階）、すり減った木の床（二階）、ほとんど当時のままの暖炉、オークの梁や垂木や柱、しっくい壁などがみられる。

商家として客を迎えた当時のまま、表は通りに面していて庭は無い。だが裏には、小道の両側に色とりどりの花を植えたミックスト・ボーダーと、ユー（イチイ）のトピアリー（装飾的に刈り込まれた木）が並ぶ芝庭が作られている。いずれの庭にもシェイクスピア作品に出てくる植物が見られるが、ボーダーの横手には、さらに主な登場植物――メドラーやイチジクなどの木や、タイムやカモマイルなどのハーブが植えてある。

シェイクスピアの作品には、数え方にもよるが、百六十種以上の植物が登場する。それらは、しばしばドラマにおいて重要な役割を果している。『オセロ』の妻を殺害するシーンのせりふに現れる薔薇。『ロミオとジュリエット』にロミオと同じ頭文字のハーブとして出てくるローズマリー。『リア王』の中に合言葉として出てくるスイート・マージョラム。『冬物語』のパーディタが羊毛狩り祭の客に与えるラヴェンダー。

❖二階のベッドルーム。当時のままの床や柱。1999年に、当時の雰囲気を再現する模様がえが行われた
(写真提供；シェイクスピア・センター)

❖家側から見たバースプレイス裏庭の盛夏のたたずまい

バースプレイスの庭で、それらに会うとき、それぞれのドラマにこめられたシェイクスピアの思いが香りながら心に入ってくるような気がする。

学校

次は鼻を鳴らして泣くスクールボーイ
かばんを持ち、洗いたての顔で、カタツムリのように
ノロノロと、いやいやながら学校へいく
――『お気に召すまま』（第二幕第七場）

エリザベス朝の男の子は、四、五歳頃に幼児学校で学び始め、続いてグラマー・スクールに進学した。公的記録は残されていないが、シェイクスピアが生家から四分の一マイルの所にあるグラマー・スクール（キングズ・ニュー・スクール）に通ったことは間違いないとされている。

当時、グラマー・スクールでは、週に六日間、朝六時か七時から礼拝に続いて授業が始まり、約二時間の昼食タイムをはさんで、夏は午後六時、冬は五時頃に終った。これが一年の大半、続いたのである。

子供たちは夜明けと共に起きて、手と顔を検査されても大丈夫な位きれいに洗い、忘れ物をしないように気をつけて登校した。これから始まる長い一日を思うと、つい歩みはのろくなったに違いない。しかも遅刻すれば鞭で打たれたのだ。当時の教師は、規律に従わない子や、宿題の暗記をして来なかった子を、容赦なく鞭打ったという。

子供たちは、まずラテン語の文法を暗記し、次に実例の練習のために、エラスムスの『カトー』や、イソップ物語のラテン語訳を教科書に学んだ。さらに、『小辞典』などの暗記、ラテン作文や会話などの学習を三～四年間行った。続いて修辞学と論理学を、キケロの『ヘレニウスのための修辞学』やエラスムスの『豊かな表現』等

❖ヘンリー・ストリートに保存されているシェイクスピアのバースプレイス(生家)。右側の部分が、白皮鞣し業・手袋製造販売業を営んでいた父ジョンの作業場兼店舗だった。シェイクスピアは1564年4月にこの家で生まれた

で学び、手紙や作文、演説や朗読文を書き上げた。韻文も、オウィディウスの『変身譚』や、ウェルギリウス、ホラティウス、ユウェナリス、ペルシウスの書で学んだ。歴史や道徳の教科書はサルスティウスとカエサルとキケロの書。さらにギリシャ語版新約聖書からはじめてギリシャ語も学んだのである。

シェイクスピア少年は、毎日、長時間こうした内容の勉強をした結果、充分な知識と表現方法を身につけたことだろう。それだけでなく、ギリシャ・ローマ時代の歴史やロマンに対するあこがれもかきたてられたに違いない。上級生になった頃には、教師が特別に貸してくれる本も読んだかもしれない。好きなオウィディウスなどの本を読む喜びの方が、学ぶつらさにまさっていたはずである。かつては、いやいやながら学校へ行ったかもしれないが、そこで得たものは大きく、限りなく想像力や創造力を刺激され、天分と相まって後年大きく花ひらいたのだ。

シェイクスピアは大学へ行かなかったが、S・シェーンボームは、グラマー・スクールが当時、文人の卵が利用できる最大の公的文学教育であったことを指摘し、「大学では、それにつけ加えることはほとんどなかった」と『シェイクスピアの生涯』で述べている。当時の大学は、主としてプロフェッサーや医師や法律家や神学者になろうとする者が学ぶ場所だったのである。

キングズ・ニュー・スクールは、キング・エドワード六世スクールとして、現在も存続している。大学への進学率80~85%の男子校である。

一九九七年に赴任した校長のT・モアブリジャ氏は、今後、よりよい大学への進学率を高めると共に、生徒たちに巾広い体験をさせたい、と抱負を語る。

毎朝ギルド・ホールで全校生徒と共に礼拝を行い、ときには古い教室で講義を行う、という氏のお話をうかがいながら、教室の古びた床や天井の梁や垂木を感慨深く眺めた。シェイクスピア少年も、この床を歩き、この天井を見上げたのだ、と思いながら。

❖裏庭の一隅にあるメドラーの木。『ロミオとジュリエット』、『尺には尺を』ほかに出てくる。近くにイチジクやマルメロなどシェイクスピア作品に登場する他の果樹も植えてある

❖バースプレイスの裏庭。中央の木は『恋の骨折り損』や『テンペスト』ほかに出てくるレバノンスギ

❖裏庭のラヴェンダー

❖早朝のヘンリー・ストリート。町はようやく眠りからさめつつある（8月末の朝6時。サマータイムなので実際は5時）

❖ギルド・チャペルとグラマー・スクール

❖グラマー・スクールの内部。1416年～18年にギルド・ホールとして建てられた木骨組みの教室で、シェイクスピア少年は学んだ。今も生徒たちはここで授業を受けている。400年以上も少年たちを見守ってきた天井の梁や垂木には、木の精がやどっているかのようだ。なお階下は現在図書館となっている

❖アン・ハサウェイの実家、晩夏の庭

第2章

妻、アン・ハサウェイの実家

Anne Hathaway's Cottage

ストラトフォードは緯度が高いので冬の日照時間が非常に短い。暗くて寒い日が続くと、心まで沈んでしまう。人々は、ひたすら春を待ち焦がれ、枯草の根元に新芽を探し、牧場の風に春の気配を求める。

待ちくたびれた頃、大地はゆるやかにほほえみ始め、やがて水仙が咲き、木の花のつぼみがほころぶ。心おどる春の到来だ。体の中にも春が訪れを覚えて、若者たちはじっとしていられなくなる。

十八歳のシェイクスピアが、ショッタリーの農家の娘アン・ハサウェイと知りあったのも、そんな春の一日だったのだろうか。

バースプレイスから、ショッタリーのアンの家までは歩いて三十分足らずだ。畑や牧場や荒地《ヒース》の中の小道を、シェイクスピアは、「恋人に会いに行くときは、書物からはなれる生徒のようにうれしい」という『ロミオとジュリエット』の中のせりふそのままに、うきうきと歩いていったことだろう。

アンの家の近くには小川が流れていて、岸には柳の古木や、葦をはじめ様々な水辺の植物が茂っている。秘密のかくれ家のような木蔭もある川辺で、シェイクスピアはアンと恋を語ったのかもしれない。見ているのは木もれ日と水鳥だけの静かな場所で、草花を摘みたわむれながら。

アンの実家は草ぶき屋根の二階家で、センターが買いとるまで長年ハサウェイ家が所有していた。現在は花とハーブが美しいコティジ・ガーデンと、ヴィクトリア朝風のベジタブル・ガーデンが家を引き立て、訪れる人々の目を楽しませている。昔は庭のほとんどのスペースが、農作業用の空き地になっていて、隅に納屋や家畜小屋などがあったことだろう。

奥の果樹園は昔ながらのもの、とのことで、新たに植えたりんごなども十六〜十七世紀からの古い品種が選ばれている。

コティジ・ガーデンの花は春から夏にかけて最も美しいが、私は夏の終りから秋のコティジが好きだ。古風なりんごが熟す季節だからである。小粒だが、かぐわしくておいしいりんごは、どことなくアンのイメージに重なる。りんごの木の下に座って、たわわにみのった果実を見上げながら、八歳年上の妻として、すでに六ヶ月の身重でシェイクスピア家に嫁いだアンの気持ちを想う……。

❖アン・ハサウェイのコティジと庭(早春)

❖アンの弟バーソロミューが建て増した部分

❖こんな光景を眺めながら、シェイクスピアは未来の妻アン・ハサウェイの家へ向かったのかもしれない

❖アン・ハサウェイのコテイジと庭(冬)

❖この家も木組みとしっくい壁で作られている

❖キッチン。奥の大きな〝オープン・ファイヤープレイス〟で調理を行った。ホールと同様、床は石

❖2階のベッドルーム。エリザベス朝後期の彫刻入りベッドが置いてある。床は木張り

❖ハサウェイの家の一階ホール。居間として使われていた部屋。当時の木のベンチ〝セットル〟が石の床に置いてある

❖ホール真上の小部屋

〔この四点の写真は、"SHAKESPEARE'S HAUNTS NEAR STRATFORD" (by. E. I. FRIPP/OXFORD/1929) より〕

❖ノット・ガーデンとギルド・チャペル。正面の生垣はクラブアップル(野生りんご)

第3章

ニュー・プレイス

The Gardens of New Place

すなわち、その場所は、
凝ったノッティッド・ガーデンの西の
隅から北々東の方面の、東寄りのところです。
――『恋の骨折り損』（第一幕第一場）

シェイクスピアは、結婚して五年ほど後に、妻と三人の子供を残して町を出た。数年後、ロンドンで、宮内庁官一座の座付作家・役者として頭角を現し、順調に成功をおさめていった。一座はやがてグローブ座を所有し、シェイクスピアは株主の一人となった。エリザベス一世亡きあと、座はジェイムス一世の国王一座の勅許を得た。王の庇護のもとにロンドン及び他の地域で興業を行った。

シェイクスピアは晩年に、ストラトフォードで二番目に大きい家といわれた、かつてサー・クロプトンが建てた邸宅を購入、引退後の数年間、そこに住んだ。これがニュー・プレイスと呼ばれた家である。

シェイクスピアの死後、ニュー・プレイスは長女スザンナに、続いて孫娘のエリザベスに譲られたが、その後売却され、壊されてしまった。現在は基礎と地下室の一部と二つの井戸しか残っていない。

その隣には、エリザベスの最初の夫トマス・ナッシュの家が当時のまま保存され、内部は考古学博物館となっている。ニュー・プレイス跡には、この家を通って入る。

シェイクスピア・バースプレイス・トラストが、ニュー・プレイスの敷地を購入し、体裁を整えた際に、二つの個性的な庭を作った。エリザベス朝風のノット・ガーデンと、その奥のグレイト・ガ

❖チャペル・ストリート。右側がシェイクスピアの孫エリザベスの最初の夫、トマス・ナッシュの家。ニュー・プレイスに隣接している。

❖このノット・ガーデンは一段と低い所に作られ、高いレンガ塀や生垣に囲まれているので〝秘密の花園〟の感じ
(2001年に、中央に噴水が設置された)

ーデンである。
ノット・ガーデン（またはノッティッド・ガーデン）は当時の王侯貴族の館や裕福な家に見られた庭園形式である。木質化するハーブの寄せ植えによって模様を作り、花・ハーブ・小石・チョークなどをあしらってデザインを強調したもの。成功して豪邸の主となったシェイクスピアも、ニュー・プレイスの横に、このタイプの庭を作らせたに違いないとトラストは考えて、エリザベス朝の資料をもとに、ノット・ガーデンを作ったという。シェイクスピア劇を知る人を喜ばせる庭とは、ストラトフォードの友人の言葉。
このノット・ガーデンは少し掘り下げた所に作ってある上に、クラブアップル（野生のりんご）の生垣にさえぎられていて、外からは見えない。一歩中へ入ると、いきなり目の前に息をのむほど華やかな花壇が現れる。心憎い演出である。
ボックス（ツゲ）、コットンラヴェンダー、タイムなどで織りなしたパターンの中心には薔薇、そのまわりには色とりどりの花が咲き匂う。花は五月と十月に入れかえられ、色調が一変する。花ざかりの春と夏だけでなく、花の乏しい冬も、常緑のハーブが作るパターンがくっきりして、清々しく心ひかれる。
その奥のグレイト・ガーデンは、もとは果樹園と畑だったとみなされているが、トラストによって広々とした芝生をメインにした庭に作りかえられた。片側にはイタリア・ルネサンス・ガーデンを思わせる形に刈り込んだボックスやユーで囲んだ花壇が並ぶ。
芝生の中にある桑の古木は、シェイクスピアが自ら植えた木が切り倒されたあと、脇から生えてきたか、或いはさし木から育ったと言い伝えられている。八月末に訪れたとき、ちょうど実が熟していて、小鳥がついばみ、木の下にも沢山落ちていた。枝から食べ頃の実を摘んで味わってみた。日本の桑の実よりも甘酸っぱく、とてもおいしい。シェイクスピアが、『夏の夜の夢』の妖精の女王が一目惚れのロバ頭の男に与える果物の中に、桑の実を入れた理由が初めてわかった。子供の頃、そして多分大人になってからも、シェイクスピアはこの味を楽しんだことだろう。

❖南側の井戸。長い間、埋まっていて1900年に発見された

❖シェイクスピアが晩年に購入した家ニュー・プレイスの跡地。中央に当時の井戸が保存されている

❖左側はナッシュの家。小道の奥にはノット・ガーデンがある

❖冬のノット・ガーデン。木質化したハーブによるパターンがはっきりして、清々しい雰囲気

❖ワインなどを貯蔵したセラー。同タイプのセラーが、隣のトマス・ナッシュの家にもあった

❖ノット・ガーデンとギルド・チャペル

❖古い家々とノット・ガーデン

❖ノット・ガーデンからグレイト・ガーデンへ向かう小道は、トレリスとクラブアップルの木で作ったトンネル

❖グレイト・ガーデンの一部。この庭は横手から自由に入ることが出来るので、住民の憩いの場の一つ

❖ギルド・チャペル側から見たグレイト・ガーデンの一部。刈り込んだボックス(ツゲ)やユー(イチイ)の奥にはベンチが隠れている。遊び心のある楽しい趣向

❖桑の樹。これは、かつてシェイクスピアが植えた木が後の所有者によって切り倒された後、脇から生えてきた、あるいはさし木から育ったといわれている

❖クロミグワの実は甘酸っぱくておいしい。『夏の夜の夢』や『コリオレーナス』に出てくる

❖シェイクスピアの母メアリーの実家、メアリー・アーデンズ・ハウス。かつてグリーブ・ファームと呼ばれていた家

第4章

母の実家と娘の婚家

Mary Arden's House and Hall's Croft

アーデン家

緑の木陰に
我と共に臥し
小鳥の快いさえずりに合わせて愉しく歌いたい者は
ここへ来たれ、ここへ来たれ、
ここへ来たれ
ここには敵はなし
ただ冬のつらい寒さあるのみ

――『お気に召すまま』（第二幕第五場）

シェイクスピアの喜劇『お気に召すまま』の主な舞台は、フランスの〝アーデンの森〟である。ストラトフォードのあるウォリックシャー州の北部にも、アーデンの森がある。この森の名と、母のメアリーの実家アーデン家の名前が頭にあって、シェイクスピアは『お気に召すまま』の一種理想郷の名に、アーデンとつけたのではないだろうか。

メアリー・アーデンの実家は、ストラトフォードから三マイル半のウィルムコートにある。

一九九九年に、それまでアーデン家とみなされていた家が、他家の建物だったことがわかった。アダム・パルマーという農夫が一五七〇年代に所有していたことを示す記録が発見されたのだ。本物のメアリー・アーデンズ・ハウスは、すぐ近くの別の家――従来グリーブ・ファームと呼ばれていた建物だったのだ。

一七九八年に〝自己流歴史家〟によってスケッチと共にメアリー・アーデンズ・ハウスと発表されて以来、二百年もの間、シェイクスピアの母の生家として多くの資料集や写真集に発表され続けた家は、生家やアン・ハサウェイズ・コティジやホールズ・クロフトと同様、木骨造りにしっくい壁の感じがいかにもシェイクスピアの時代風で好ましく、スケッチなども多く残っている。急に「違いました」と言われて、とまどっている人も多いのではないだろうか。

それに、〝真正〟メアリー・アーデンズ・ハウスの外壁は元のままではなくレンガで覆われていて、違和感を覚える。内部は原型のまま、柱を見せたしっくい壁仕上げだが、外壁を復元すると崩れてしまう危険もあるらしく、現状のまま保存するほかないらしい。

いずれにせよ、パルマー家もアーデン家も裕福な農家だった。パルマー家の典型的なテューダー様式の木骨作りの家、石造りの鳩小屋、農具を入れた納屋などはトラストによって保存されている。内部には当時の農家の暮らしを物語る家具調度がそろえられている。

パルマーズ・ハウスとメアリー・アーデンズ・ハウスの間は、芝生になっていて、端の石塀沿いに小規模のミックスト・ボーダーも作られているが、むしろイラクサやケックなどの野草に囲まれた小さな池の方が、これらの家の雰囲気に合っている。

なお、一角には鷹やふくろう小屋があって、時々鷹匠の実演が行われる。そのとき、デモンストレーションをする人が左手にはめるのは鷹狩り用の皮手袋で、シェイクスピアの父は、こうした手袋も作っていた。

❖メアリー・アーデンズ・ハウス。建てられたのは16世紀だが、外壁は19世紀にレンガでおおわれて現在に至っている

ホールズ・クロフト

あ！　ワスレモノ！
クロゼットの中に薬草あります
あれ忘れて行ったら、タイヘンです。

――――『ウインザーの陽気な女房たち』（第一幕第四場）

ホールズ・クロフトは、シェイクスピアの長女スザンナの夫、ドクター・ジョン・ホールの家である。堂々とした木骨組みの家の前には藤とマグノリアの木が植えてあり、花の季節には芳香が漂う。一九五〇年に家を修復した際、新たにレイアウトしたという裏庭は、四季折おりの花が美しい。広い芝生が中心となっていて、右手

にはバースプレイスの庭に似たミックスト・ボーダーがある。

診察室にはドクターが用いた物と同様の乳鉢や薬の容器や本草書が展示されている。当時の医者は瀉血なども行ったが、彼は、薬草から作った飲み薬や軟膏などによる治療に重点をおいたといわれる。現在復刻出版されている彼自身による治療記録を見ると、多様な薬草の名があげられている。またナツメグなどのスパイスや、シヴェットやマスクなどの動物性香料、母乳、バター、砂糖などを加えた処方もある。

何といっても薬のメインは薬草であったことから、トラストは芝生のなかに、ドクターが薬用に使ったと思われるハーブの植え込みを作った。ミント類、フェンネル、カモマイル、ローズマリーなどシェイクスピア作品にも出てくるハーブが香っている。

❖オールドタウンにあるホールズ・クロフト。シェイクスピアの長女スザンナの夫ドクター・ジョン・ホールの家の表

❖ジョン・ホールが持っていた薬草園を想定したハーブガーデン

❖ハーブガーデンの一角

❖ホールズ・クロフトの裏庭

❖同・裏庭

❖ミックスト・ボーダーに咲くルドベキアの花

❖ラヴェンダーの茂み。これも当時の薬草の一つ

❖桑の古木。支えられ保護されて、毎年ゆたかに実をつける

❖春のエイヴォン川べりの牧場。小羊が水を飲みに岸辺に降りてくることもある

第5章

シェイクスピア・カントリー

Shakespeare's Country

❖早朝のエイヴォン川。静かに一日が始まろうとしている

エイヴォン川のほとり

シアリーズよ、おしみなく与える実りの女神よ。
御身の沃野には、小麦、ライ麦、大麦、オオカラスノエンドウ、
カラス麦、豌豆。
御身の緑なす山々には、草をはむ羊たち、そして平野には、
いちめんに牛馬を養う牧草。
御身の川堤には、流れにけずられ葦におおわれた岸辺…

――『テンペスト』（第四幕第一場）

ストラトフォードを中心にして、北はコベントリー近くのアーデンの森から、南はコッツウォルド地方の北端までの十五～二十マイルの範囲の地域はシェイクスピア・カントリーと呼ばれている。牧場や果樹園や畑がつらなり、そこに古い町や村が点在する美しい田園地帯である。

その中央を流れるエイヴォン川沿いの小道を、初秋の早朝にストラトフォードのホテルを出て歩いてみる。たちこめていた川霧が少しずつ晴れていき、ふいに二羽の白鳥が現れる。

川の流れはきわめてゆるやかで、水面に映る木の影は普段はほとんど乱れない。〝流れにけずられ葦におおわれた岸辺〟には、他の野草も茂っている。花を摘もうとして足をすべらせ、川に落ちた少女もいたに違いない。

ホーリー・トリニティ教会の対岸あたりまで来ると、釣り人や、ナローボートに住む人、犬を散歩させる人などとすれ違う。皆、地

❖エイヴォン川の白鳥

元の住人である。
レクリエーション・グランドの芝生を通り、クロプトン橋に着く頃には、霧はすっかり晴れている。
この橋は、ストラトフォードからロンドンに出て市長にまでなったサー・ヒュー・クロプトンが、十五世紀末に私財を投じて作らせたもの。十四のアーチ型の石柱に支えられていて、洪水で両端が壊れたり、チャールズ一世と議会との戦争中に一部が破壊されたりしたが、その都度修復されてきた。
橋はストラトフォードにとって重要な役割を果してきた。そもそもストラトフォード＝アポン＝エイヴォンは古いサクソン語やウェールズ語が組み合わさってできた名前で「エイヴォン川を渡る場所で交叉する道」といった意味である。その通りに、ストラトフォードは、ローマ占領時代から、いくつかの主要道路の結合点だった。ウォリック、ウースター、ブリストルなどからの道がここに集まり、エイヴォン川を越してバンベリーやエッジヒル方面とオックスフォードの方向にのびロンドンに通じていた。
ところが、クロプトン橋が出来るまで、橋は木で作られていたため、増水時に渡るのは大変な上、すぐに壊れた。サー・ヒュー・クロプトンは、町に貴重な贈り物をしたわけである。十九世紀に、北側に歩道部分がつけられ、橋は今も現役の車道として、大いに役立っている。
シェイクスピアもまた、この橋を渡って町を出て行ったのだ。どんな心境だったのだろうか、と考えながら、本来の橋——まだ車が殆ど通らない早朝の車道をゆっくりと歩いてみた。

❖レクリエーション・グランドから眺める川向かうのホーリー・トリニティ教会。内陣の石床の下に、シェイクスピアと家族の亡骸が埋葬されている

ウォリックからケニルワースへ

エイヴォン川の川上にあるシェイクスピア・カントリーの町で最も魅力的なのは『ヘンリー六世・第三部』にも出てくるウォリックではないかと思う。自然と文化が調和している上に、ウォリック城はドラマティックな歴史を持つ。

九一四年にアルフレッド大王の娘が、丘の上のウォリック居住区を守る塁壁を築く命令を出したと伝えられ、一〇六八年にはウィリアム征服王によって要塞が作られた。それから発展した壮大な城が今も残るウォリック城である。

シェイクスピアが生まれた頃のウォリック城主は、アンブローズ・ダドリー。彼の父ジョン・ダドリーはレディ・ジェイン・グレイを王座につけた件でメアリー女王の命令で処刑された。しかしエリザベス女王はアンブローズにウォリック伯の爵位と城を、彼の弟ロバートに近くのケニルワース城とレスター伯の爵位をさずけた。この二人は女王のお気に入りで、どちらの城も訪問された。ウォリック城には女王の物と伝えられる薔薇の花と葉を刺繍したハンカチと鞍が展示されている。

この城はその後王家のものになったり、清教徒革命のとき清教徒の拠点になったりしたあげく、一九七六年にロウ人形館で有名なタッソー・グループに売り渡され、城内のあちこちに精巧なロウ人形が置かれるようになった。ところが最近、再び売りに出されているとの噂。一体どうなるのだろうか。いずれにせよ、古風なかぐわしい薔薇が咲くローズ・ガーデンや、整形式のピーコック・ガーデンは現在のまま美しい姿を保ってほしいものだ。〃ケイパビリティ〃ブラウンが作った風景《ランドスケイプ》ガーデンも。

城の裏手のミル・ストリートには、ウォリックシャー・ガーデン・トラストなどの会長をつとめられたアーサー・B・メジャーズ氏のミル・ガーデンがある。氏がこの庭を手がけ始めたのは一九五三年で長年かけて元の庭を一変させた。四季折りおりの花が美しいコテイジ・ガーデンやハーブ・ガーデンもさることながら、ウォリック城のシーザー・タワーとゲイトハウスを借景にした川辺のプライヴェート・ガーデンはユニークな雰囲気を持つ。マグノリアやアマゾン原産の広葉植物や竹の一種が趣きを添えている。

川の中ほどには十四世紀に作られた橋のなごりが残っている。十八世紀に、近くに新しい橋を完成させたウォリック伯によって閉鎖されたオールド・ブリッジ――シェイクスピアも渡ったかもしれない橋だ。

一九九九年に亡くなられるまでガーデン関係の要職にあり、毎日庭をめぐり歩きガーデナーと共に手入れをさせたメジャーズ氏。庭の植物のラテン語名もすべて暗記されていた。ガーデニング好きな知的英国紳士の典型のような方であった。

ウォリックには、このほか、宗教ギルドに属していた建物を用いてレスター伯が開設した養老院ロード・レスター・ホスピタル及び附属の庭園とギルド・チャペルとか、ウォリック伯やレスター伯が眠っているセント・メアリー教会など心ひかれる史跡がある。今も機能している生きた史跡だ。

しかし、レスター伯ゆかりのケニルワース城は、現在廃墟となっている。当時、堀だったあたりにも雑草が生い茂り、半ば崩れた城は、〃無常〃を感じさせる。かつてレスター伯は女王をこの城に招

❖1823年に鉄道馬車用に作られた橋。その鉄道は廃線となって久しく、歩行者は自由に橋を渡ることができる

❖15世紀末に、サー・クロプトンが私財を投じて作らせたクロプトン橋。クロプトンはストラトフォードからロンドンに出て市長にまでなり、財をなして帰郷した。亡骸はホーリー・トリニティ教会のクロプトン・チャペルに安置されている

き、水上に舟を浮かべ賑やかなアトラクションでもてなした。子供だったシェイクスピアも、その様子を見物したかもしれない。
女王をめぐるロマンティックなエピソードの舞台だったケニルワース城だが、伯の死後、王家のものになり、清教徒革命の六年後廃

城となってしまったのだ。
城に接して作られている整形式の庭には、ラヴェンダーやセージが香り、ここでも植物が昔と今をつないでいる。

❖エイヴォン川の流れはきわめてゆるやかで、鏡のような水面に樹や草花がくっきりと影をうつしている。川の中のもう一つの世界

❖エイヴォン川をウォリックまで下ると、なかば壊れた古い橋がある。14世紀に作られ、シェイクスピアの時代には現役だった橋

❖アーサー・B・メジャーズ氏の庭から眺めたウォリック城のシーザー・タワーとゲイトハウス

❖ウォリック城のローズ・ガーデン

❖温室の前にある整形式の庭ピーコック・ガーデンの孔雀形に刈りこんだボックス(ツゲ)。本物の孔雀も放し飼いにされている

❖廃墟となっているケニルワース城。この城は12世紀に作られた城砦をもとにしているといわれる。次々と所有主が変ったあげく、清教徒革命の6年後、廃城となってしまった

❖ケニルワース城に作られた庭

❖エリザベス一世。女王は、ケニルワース城を、お気に入りの臣下のレスター伯ロバート・ダドリー(アンブローズ・ダドリーの弟)に与えた。彼が1575年に女王をもてなした際の水上のアトラクションや花火は素晴らしいものだったという

❖ロアー・スローター村。ささやかなフェアが川辺で開かれ、村人たちが屋台で買物をしたり、散歩したりしていた

コッツウォルドの村から村へ

コッツウォルド地方は、中世から羊毛の産地であった。今も『テンペスト』にうたわれているように緑の牧場で〝草をはむ羊〟の姿がみられ、羊毛取引で栄えた町が残る。その最大の集積地だったチッピング・カムデンの町には古いマーケットの建物が保存されている。

この一帯の建物の多くは、地元で産出される蜂蜜色のコッツウォルド・ストーンによって作られてきた。かつて羊毛取引で財をなした商人は、この石で邸宅を作り、また石造りの立派な教会建立のために寄付を行った。

こうした石造りの建物や、草ぶき屋根のコティジは、昔ながらの緑の丘や林、カモが泳ぐ小川や古びた歩行者用の石橋などと調和していて見あきない。今では多くの観光客が訪れるが、地元の人々は堅実な暮らしをいとなみ、ときにはフェアを行って、ささやかなお祭りさわぎを楽しむ。

ストラトフォード近くの、ペブワースやグラフトンなどの俗謡にうたわれている一群の村（シェイクスピア・ヴィレッジ）やウェルフォード＝オン＝エイヴォンやショッタリーなどの小村にも、いたる所に古きよき昔の英国の田舎をしのばせる光景が見られる。

こうしてシェイクスピア・カントリーのあちこちをめぐり歩き、心みたされてストラトフォードへ帰る頃には、長い初秋の日も暮れかかっている。シェイクスピアを生んだ風土に思いをめぐらせているうちに、あたりはいつか闇につつまれていく。

❖ウェルフォード・オン・エイヴォンの草ぶき屋根の家。コッツウォルド地域には、こうした家や石造りの家が残っていて、人々はそれらを修復して住みこなしている。少々の不便は、むしろ楽しみながら

❖ロアー・スローター村の水車小屋と水車

❖シェイクスピアの妻、アンの実家がある村ショッタリーの古い家並

❖ドラマティックな夕やけ雲の下で、シェイクスピア・カントリーの一日が終わろうとしている

❖エイヴォン川べりのバンクロフト・ガーデンにあるガウアー・メモリアル。シェイクスピア像を中心に、ハムレット、ハル王子、フォルスタッフ、マクベス夫人の像が配置されている

第6章 劇場

The Theatres

度を越した演技は、芝居の目的からはずれてしまう。
芝居の目的とは、昔も今も、人間の本性に対して鏡をかかげ、
善い所も悪い所もうつして、時代を造《かたちづく》るものの姿を
ありのまま見せること。

——『ハムレット』（第三幕第二場）

エイヴォン川べりのバンクロフト・ガーデンは、人々の憩いの場である。遠来の客たちも、ストラトフォードの住人も、思い思いにくつろいでいる。

バンクロフトの土地は、昔は地元民の共同所有地で家畜が放牧されていた。十九世紀はじめには運河の埠頭と倉庫があった。運河による物資の運搬がすたれた後、バンクロフト・ガーデンが作られ、川辺には今、レジャー用の船が何艘も停泊している。

広々としたガーデンのポイントは、シェイクスピア像を中心に、ハムレット、マクベス夫人、フォルスタッフ、ハル王子を配置したガウアー・メモリアル。これらの像を一八八八年に町に贈った制作者、R・S・ガウアー伯にちなんで名づけられた一画である。

チェリーの木々を背景に四季の花にいろどられたメモリアルで、それぞれに悩み、嘆き、笑い、喜ぶドラマのキャラクターたち。その中心の高みで、シェイクスピアは時の彼方をみつめている――。

宮内長官一座（後の国王一座）の座付役者・俳優だったシェイクスピアは、共作を含め三十八の戯曲をのこしたとされている。最近では『エドワード三世』も彼の作品あるいは共作の可能性が高いと言われている。

戯曲は、史劇、悲劇、喜劇、ロマンス劇とバラエティに富み、シェイクスピアの生前は言うまでもなく、死後ますます人気を呼び、世界各地で繰り返し上演されてきた。「シェイクスピアは一時代ではなく万代の作家」というベン・ジョンソンの言葉は予言的だったわけである。

シェイクスピアの時代には、ストラトフォードでの芝居の上演はギルド・ホールで行われた。その後も長い間、あちこちの建物が臨時の会場に使われたり、仮設舞台が造られたりした。

一八二七年、シェイクスピア・フェスティバルの一環としてシェイクスピアリアン・シアターが作られたが、経営不振でほどなく閉鎖された。

一八七四年に、地元の醸造業者、チャールズ・エドワード・フラワーがシェイクスピア・メモリアル協会を発足させ、五年後にシェイクスピア・メモリアルシアターが誕生。その劇場が一九二六年、焼失したあとに、世界中からの寄付によって一九三二年にオープンしたのが、現在のロイヤル・シェイクスピア・シアターで、ロンドンのバービカン・センターと共に、ロイヤル・シェイクスピア・カンパニーの本拠となっている。

一九七四年に、現代劇を主に上演するジ・アザー・プレイスがサザン・レインに、一九八六年にはロイヤル・シェイクスピア・シアターに隣接してスワン・シアターがオープンした。後者の一部はメモリアルシアターの焼け残りである。

言うまでもなくシェイクスピア劇を観ることは、ストラトフォードを訪れる人々の大きな愉しみ。ちなみに一九九八年初秋のロイヤル・シェイクスピア・シアターの出し物は『ベニスの商人』で、スワン・シアターのそれは『ヴェローナの二紳士』であった。

舞台で演じられる悲劇に人々はカタルシスを覚え、喜劇に笑い、ロマンス劇に胸をときめかせ、歴史劇に考え込む。そして、ふと気がつく。自分が舞台の誰かに、とてもよく似ていることに――。

この世はすべて一つの舞台だ、
男も女も、人は皆、役者にすぎない。

――『お気に召すまま』（第二幕第七場）

❖R・S・ガウアーによって制作されたシェイクスピア像。1888年に町に贈られた

❖エイヴォン川越しのロイヤル・シェイクスピア・シアター。メモリアルシアターが焼失したあと、世界中からの寄付により1932年にオープン

❖ロミオとジュリエットを演じたジュリア・マーローとE・H・サザン

❖ハムレットを演じたサラ・ベルナール

❖ジ・アザー・プレイス・シアター。この劇場では、主に現代劇を上演している

❖『ジュリアス・シーザー』のキャシウスを演じたローレンス・P・バレト
(モノクロ写真3点は19世紀末のネルソン版シェイクスピア全集より)

❖ロイヤル・シェイクスピア・シアターの正面。近隣の人々のみならず、世界各地からの観客を集めている

SWAN
RSC Collection
RSC
UPSTAIRS
ON THE EDGE

❖スワン・シアターの表。期待に胸をはずませて集ってくる人々。今宵も誰かがシェイクスピアに出会い、誰かにシェイクスピアが乗りうつる……

❖早朝のエイヴォン川の釣り人。右の舟はナローボート。時速8キロ内でゆっくりと川や運河を行く。内部は小さな家そのもの

第7章 花の町

Flower Town on Town of Flowers

染め分けのデイジー、青いスミレ、白銀色のレディズ・スモック、
そして黄色いクックー・バッズが牧場を楽しく彩るとき……
——『恋の骨折り損』（第五幕第二場）

ストラトフォードは、心ときめく花の町。すでに述べたようにシェイクスピアゆかりの美しい庭がいくつもあり、さらに町のいたるところに花の植え込みや花飾りが見られる。商店やホテルなども趣向をこらした花の寄せ植えをあしらっていて、それだけ眺めながら散歩するのも楽しい。

とりわけ印象的なのは、ハンギング・バスケットで、これは英国各地で好まれている飾り方だが、ストラトフォードでは特に愛好されているようだ。大抵の商店やホテルの入り口に色とりどりのハンギング・バスケットが吊られ、街灯のポールにも、とりつけられている。花の形態や色どりが、それぞれの建物に調和して美しい。よ

❖アーデン・シスル・ホテルのテラス前の花壇。左手奥にサマー・ガーデンとローズ・ガーデンもある

く用いられている花は、フクシャ、ロベリア、ペチュニア、ゼラニウムなど。

シェイクスピアの町=花の町、と聞いて意外に思う方もいるかもしれない。だが、シェイクスピアと花は、合性がいいのだ。

シェイクスピアは花に強い関心を持っていたことを、ドラマに登場する花々が物語っている。彼はしばしば花に託して登場人物に胸のうちを語らせている。

もちろん、現在町を彩る花々の多くは、現代的な園芸種だ。しかし、シェイクスピアの時代からあまり変らない花もある。オールドローズや水仙やスミレや桜草やラヴェンダー。シェイクスピア劇でおなじみのそうした花々にストラトフォードで出会うと、旧友に再会したような気がする。エイヴォン川べりや、牧場沿いの道で見かける野草の花には、さらに心ひかれる。同じ場所で、シェイクスピアも、そうした花々を眺めたかもしれないと思うのだ。

❖ヘンリー・ストリート。中央の奥がバースプレイスとシェイクスピア・センター。地元の人々と、世界各国から集まって来た人々が混ざりあい行きかう

❖淡い紫のロベリアを生かした自然な感じのハンギング･バスケット

❖白を主体にしたハンギング・バスケットが個性的

❖このように美しい状態を保つためには、灌水、整枝など手入れが大変

❖午後のバースプレイス前。世界中から集まって来た人々で賑わう

第8章

シェイクスピアが生きる町

To Be with Shakespeare

ああ、不思議！
こんなに大勢の立派な人々！
人間の何ていう美しさ！
ああ、素晴らしい新世界、こういう人たちが住んでいるとは！
――『テンペスト』（第五幕第一場）

ストラトフォードは、いつも人で賑わっている。世界各地から、シェイクスピアにひかれて様々な人々が集まってくるのだ。

この町に住む人々は、遠来の客たちを、あたたかく迎え、もてなす。観光関係の人にかぎらず、誰もが親切である。もしかしたら、それは昔、ストラトフォードが市場町として外部の人間を迎えた頃から培われてきた伝統の気質かもしれない。

シェイクスピアの時代には、町の三ヶ所で市場が開かれていた。その一つ、ロザー・マーケットは、今も毎週金曜日に、ロザー・ストリートわきのスペースで開催される。昔は家畜市場だったが、今は生活用品全般が扱われ、果物や野菜、花や苗や球根などの店もある。

ここに集まってくる買物客は、観光客ではなくて、町や周辺に生活している人々だ。ふつうの店で買うより安く、また珍しいものもあるので、常連も多いようだ。若者から家族連れ、年金暮らしの老人まで、色々な人が買物と会話を楽しんでいる。シェイクスピアの父、ジョンを思い出す。彼は、ヘンリー・ストリートが、ブリッジ・ストリートやハイ・ストリートと合する所に開かれた市場で手袋を売り、町長時代には市場を監督したのだった。

❖シェイクスピアの時代に家畜市場が開かれたロザー・ストリートで、今も毎週金曜日に市場が開かれる。ただし扱われるのは生活用品

ロザー・マーケット以外の二ヶ所の市場は今はなくなったが、主要な通りの名前は十五世紀頃と変らないので場所を確認し、昔をしのぶことができる。

　古い通りを歩き、様々な時代に作られた建物を見ているうちに、思いはまた、シェイクスピアへ……。それらの建物の幾つかはシェイクスピアに関係があったり、シェイクスピア像を冠していたりして、彼あってのストラトフォードであることを今さらながら実感させられるのだ。

　ストラトフォードが、シェイクスピアの故郷として次第に注目を集め始めたのは十八世紀。一七六九年に名優ディヴィッド・ギャリックによって組織され開催されたシェイクスピア記念祭をきっかけに訪れる人は増え、町の自覚も高まった。

　一八四七年に、シェイクスピアの生家など建物の保存・管理とシェイクスピアに関する知識や評価を高めることを目的にしたシェイクスピア・バースプレイス・トラストが誕生し、一八九一年にレジスタード・チャリティーとして法的に認められた。その本部は、バースプレイスに隣接するシェイクスピア・センターに置かれている。国際シェイクスピア協会センターの建物は、生誕四百年記念の一九六四年にメインの部分が、さらに一九八一年に残りが完成した。そこにはシェイクスピア及び劇場関係者の記録保存室、図書館、講義室、展示室などがある。

　このように充実したセンターを長年指揮されたディレクターは、リーヴァイ・フォックス博士である。フォックス博士は一九四五年から一九八九年まで四十四年間もディレクターを務められ、記念に

❖タッスルやボタンやキルト綿などの店。いかにも掘り出し物がありそう
❖真剣な眼ざしで品物を選ぶ町の住人や近郊から来た人々。子供から老人まであらゆる世代にわたっている
❖ペット用品店。商売そっちのけで鳩に見入る動物好きの店主たち

❖バースプレイスの傍らで演奏し歌う若者たち。ときには古い歌の一節も

ブロンズの横顔をはめこみ業績を刻んだ大理石版が、センターの図書館入口の壁にとりつけられている。

就任当初、わずか一八名だった職員が、博士の引退時には二三五名、今はもっと増えている。在任中にセンターの建物を完成させ、劇場と密接に連繋してシェイクスピア祭はじめ数々の催しを行い、資料や遺物を集め、数多くの研究書やパンフレットを著された。さらに博士はバースプレイスをはじめ、トラストが所有する建物附属の庭の充実をはかってこられた。この町の文化的なイメージの高さはディレクターと優秀なスタッフによる長年のつみ重ねの上にあるのだ。

フォックス博士は、引退後もセンターの一室で、執筆にいそしまれ、一九九八年に、"The Shakespeare Birthplace Trust, A Personal Memoir"(『シェイクスピア・バースプレイス・トラスト、個人的な思い出』)を上梓された。また博士は、現ディレクターの

ロジャー・プリングル氏、図書館館長のマリアン・J・プリングル夫人はじめ、すぐれた人材を採用し、育てられた。

ロジャー・プリングル氏は、国際シェイクスピア協会のセクレタリー(幹事)でもあり、エネルギッシュに活動されている。今後のセンターの活動として力を入れたいのは、教育面の充実と、シェイクスピアゆかりの家々の整備とのこと。

フォックス博士がディレクターだった頃から、ディレクター室の壁にはソエストによるシェイクスピアの肖像画が飾られている。センターの、ストラトフォードの、英国の、世界の人々の愛と尊敬をこめた眼差しを静かに受けとめて、こちらを見ている。今宵もまたストラトフォードの劇場ではシェイクスピア劇が上演される。天才が作り上げた虚構の世界にひととき身をおいた後、人々は現実の生活に帰って行く。自分自身の新しい人生の幕が上がる可能性を夢みながら——。

❖チャペル・ストリートのシェイクスピア・ホテルは、17世紀からの歴史を持つが、経営者は何度もかわり、2007年4月からアコー・グループの傘下に

❖毎年４月23日(シェイクスピアの誕生日と推定されている)前後の約１週間前、生誕を記念する祭典が行われる。メインの祝典の日にはタウン・ホールからホーリー・トリニティ教会まで、主だった人々がシェイクスピアに捧げる花束を手に行進する

❖ハイ・ストリートの右端の家は、アメリカのハーバード大学の創始者ジョン・ハーバードの母の生家で、16世紀末の建物。左の赤レンガの建物は、チャペル・ストリートに19世紀末に建てられたミッドランド銀行

❖バースプレイスのならびにあるシェイクスピア・センター。生誕四百年記念の1964年に中枢部、1981年に残りの部分が完成した。シェイクスピアに関する知識や評価を高めることを目的としたシェイクスピア・バースプレイス・トラストの本部が置かれている

❖シェイクスピア・センターのエントランスホールでは様々なテーマの展示が行われるが、主役は常にブロンズのシェイクスピア像である(ダグラス・ウェイン＝ボブスン作)

❖ディレクター室に飾られているシェイクスピアの肖像画。17世紀の画家、ジェラード・ソエストによって描かれたもの

参考文献

●シェイクスピア作品

引用は主に "Shakespeare Complete Works" (ed. W. J. Craig, Oxford, New format 1980)および "Riverside Shakespeare" (ed. G. B. Evans. Boston: Houghton Mifflin, 1974) により、それを『シェイクスピア全集』(坪内逍遥訳、早稲田大学出版部、冨山房、1910〜)、対訳の『ザ・シェイクスピア』(坪内逍遥訳、第三書館)、『シェイクスピア全集』(小田島雄志訳、白水社、1983)『シェイクスピア』(木下順二訳、講談社) ほかを参考に著者が訳した。

●欧文書籍

Bearman, Robert "Shakespeare in the Stratford Records" Alan Sutton Publishing Ltd, 1994

Bradbrook, Muriel Clara "Shakespeare: The poet in his World" Weidenfeld & Nicolson, 1978

Eccles, Mark "Shakespeare in Warwickshire" The University of Wisconsin Press, 1963

Fox. Levi "Stratford-upon-Avon. Official Town Guide" The Town Council of Stratford-upon-Avon

Fox, Levi "The Shakespeare Birthplace Trust, A personal Memoir" 1998

Kay, Dennis "Shakespeare" Sidgwick & Jacson, 1991

Law, Ernest "Shakespeare's Garden. Stratford-upon Avon" Selwyn & Blount, 1922

Measures, Arthur B. "Visitor's Guide to Warwick"

Seehoenbaum, Samuel "Shakespeare's Lives" Oxford, 1993

"Shakespeare's England" (volume 1.2) Oxford University Press, 1912

"Stratford Walks" The Remblers' Association "Warwick Castle" Warwick Castle Ltd, 1994

●邦文書籍

シェーンボーム、S／小津次郎他訳『シェイクスピアの生涯』(紀伊國屋書店、1982)

ブラッドブルック、M. C／岩崎宗治・稲生幹雄訳『歴史のなかのシェイクスピア』(研究社出版、1992)

倉橋健編『シェイクスピア辞典』(東京堂出版、1972)

ACKNOWLEDGEMENTS

The author would like to thank the following for their encouragement and help: The Shakespeare Birthplace Trust (Dr. Levi Fox, former Director. Mr. Roger Pringle, former Director. Mrs. Marian J Pringle, former Senior Librarian. Mrs. Ann Donnelly, museum curalor. Mr. Barry Loche , Head Gardener), International Shakespeare Association, King Edward VI School (Mr. Timothy, P. Moore-Bridge, Headmaster), The Shakespeare Hotel, The Arden Thistle Hotel, The Mill Garden (Mr. Arthur B. Measures), Mrs. Ann Daniels, Mrs. Colleen Vaugham, Mr. Francis Partridge & Mrs. Kimiko Partridge, Prof. Yasunari Takahashi, Shakespeare Society of Japan, Mrs. Haruko Kirihara.
And heartfelt gratitude to Mr. Kei Kumai and Mr. Takayuki Amano & Mrs. Mie Amano.

あとがき

ウィリアム・シェイクスピアの故郷、ストラトフォード＝アポン＝エイヴォンは、訪れるたびに新しい発見がある素敵な町です。魅せられて年に一、二度の旅を長年続けています。

本書は、そのストラトフォードを中心にしたシェイクスピア・カントリーの、文化的遺産と自然の素晴らしい調和をお伝えしたくて作った写真集です。

文章を書くにあたり、ストラトフォードのシェイクスピア・センターの前ディレクター、リーバイ・フォックス博士はじめ、皆様のお世話になりました。また、高橋康也先生はじめ諸先生方から、温かい励ましの言葉をいただきました。

一九九八年に、本書の原型となる企画がスタートしたとき、熊井がカメラマンとして一緒に行こうと言ってくれました。それまで私がロケハンに同行したり、映画祭に通訳としてついて行ったりしたことはありましたが、私の仕事のための夫婦旅行は初めてでした。

さあ、それからが大変。どのような構成にして、どんな写真を撮るか、彼はまるで映画の撮影のような綿密な計画を立て始めました。飛行機の中でも、スケジュールを検討し、資料に目を通しました。ハプニングやサプライズを期待してふらりと出かけることが多かった私としては全く新しい体験でした。

ところが、ストラトフォードに着いたとたん、彼はひどい風邪をひいてしまいました。それでも、毎朝六時（サマータイムだから五時）に起きて、すぐホテルを出て撮影開始。観光客が一人もいない生家の前の通り、静かな流れに白鳥が二羽うかぶ朝もやのエイヴォン川……。そんな時間に、私一人では撮影不可能な珍しい写真を、彼は連日、撮り続けました。

また、彼の目で見て重要なスポットやイベントなども見ることができたのです。たとえば鷹狩り。これはそれまで私にとって無関心な対象でしたが、彼は、その象徴するもの——支配と従属、自由と束縛といったものに私の目を向けさせました。たまたまウォリック城を訪ねたとき、鷹狩りの実演をしていたのは、うれしいシンクロニシティでした（鷹狩りをめぐるエピソードは、後に私が書き上げた小説『シェイクスピアの妻』の前半のポイントになりました）。

高熱をおして彼が撮った数百枚の中から選んだ写真に、私が撮ったものと、資料的な写真を加えて『シェイクスピアの故郷』をまとめたのですが、彼は、名前を出しませんでした。それは「一心同体だから」という彼の考え方によるものでした。

私たちは、お互いに活字になるものは目を通しあい、意見を言うのが習慣で、原稿のほか私は彼のシナリオを手伝い、主にラブシーン関係の箇所を書くことと、せりふをととのえるのが私の役目でしたが、共同脚本として名前（ペンネーム）を出したのは二度だけです。一方、彼は私が雑誌に書いたエッセイを切りぬいてジャンル別に整理し、エッセイ集の構成を手伝い、余計な箇所をカットしてくれました。

しかし、一冊の本の写真となると「一心同体」ではおさまりきらないと思いましたが、そのときは彼の言う通りにしました。その後、メアリー・アーデンズ・ハウスの問題もあって、彼は、もう一度ストラトフォードへ行こうと言っていましたが、いつも映画の企画をいくつか進めていて、どうしてもタイミングが合いませんでした。

そこで、私一人で何回かストラトフォードを訪れたのですが、写真の出来は熊井には遠く及ばず、二〇〇七年五月の訪英の前にも、今度こそよい写真を撮ってくるように、と言われました。私としても、一日も早く改訂版を上梓したいと思い、そのときは〈写真・熊井啓　文・熊井明子〉としたいと申しましたら、編集上収録してあった私のピンボケ写真を入れかえるならOKとの返事。

いさんで出かけた英国で、熊井が倒れたという知らせを受け、飛んで帰って五日目に彼は眠るように息を引きとりました。

実は三十四年前、彼が大病で手術を受け、危篤状態をくぐりぬけたあとの語らいから、映画のことしか頭に無いと思っていた彼が、私の自己実現のことも考えていたと知って、とても驚き、胸がいっぱいになりました。その直後の『忍ぶ川』以後、二人の〝一心同体方式〟が本格的に始まりました。一九九八年のストラトフォードへの夫婦旅行と本作りも、そのあらわれだったのでした。

夫婦の愛情の形は千差万別ですが、私たちの場合、創作という同じ目的のもとに、ジャンルが違うからこそアドヴァイスができる関係だったことは望外の幸せで、彼と結婚して本当によかったと思います。彼も同じ思いだったのでしょう。こんなことを言っていました。

「富士山を羽で払うと、ほんの少し低くなる、富士山が無くなるまでには、気が遠くなるほどの回数、払わなければならない。その回数ほども、生まれかわっては結婚しようね」

そうした私たちの思いの結晶である本書を今回清流出版から出していただくことを彼も心から喜んでいると感じます。即決してくださいました加登屋陽一社長、臼井雅観出版部長、そして本作りにかかわられた皆様に深く御礼申し上げます。また本書の原型の頃からお世話になった山崎剛太郎先生はじめ皆様にも、この場をお借りして御礼を申し上げたいと思います。

熊井明子

二〇〇八年　春

1998年9月、ウォリック城を訪れた熊井夫妻

❖熊井明子（くまいあきこ）

長野県松本生まれ。信州大学教育学部（松本分校）修了。映画監督熊井啓と結婚。長年ポプリの研究につとめ、ハーブにも造詣が深い。エッセイ、講演、ポプリ講師養成特別講座（講談社）、生きがいをみつけ暮らしを楽しくするためのトーク講座（朝日カルチャーセンター、玉川高島屋）などの活動を行っている。一九九九年、『シェイクスピアの香り』をはじめとする著作活動に対し、山本安英の会記念基金（委託者・木下順二氏／運営委員長・尾崎宏次氏）より、「シェイクスピアの魅力を新たな角度から探求した業績を評価して」、第七回山本安英賞を贈られる。著書は、小説『シェイクスピアの妻』『夢のかけら』（春秋社）、『シェイクスピアの香り』（東京書籍）、『猫の文学散歩』（朝日新聞社）、『愛のポプリ』（講談社）、『「赤毛のアン」の人生ノート』（大和出版）、『私の部屋のポプリ』（河出書房新社）、『猫と見る夢』（くんぷる）、『今に生きるシェイクスピア』『私のポプリ手帖』（千早書房）、『こころに香る詩』（清流出版）、『凜と咲く』（じゃこめてい出版）ほか多数。

シェイクスピアの故郷
ハーブに彩られた町の文学紀行

二〇〇八年六月十二日［初版第一刷発行］

著者——写真・熊井啓　文・熊井明子

発行者——加登屋陽一

発行所——清流出版株式会社
東京都千代田区神田神保町三-七-一　〒一〇一-〇〇五一
電話　〇三（三二八八）五四〇五
振替　〇〇一三〇-〇-七七〇五〇〇
〈編集担当・臼井雅観〉

印刷・製本——図書印刷株式会社
乱丁・落丁本はお取り替え致します。
ISBN978-4-86029-226-3

装丁・本文設計——西山孝司
地図イラスト——くすはら順子

http://www.seiryupub.co.jp